Juliette Blanche, Sarah Guilmault

Une étrange disparition

Adaptation et activités de **Jimmy Bertini**

Illustrations de **G. Garofalo & M. Vattani**

Rédaction : Sarah Negrel
Direction artistique et conception graphique : Nadia Maestri
Mise en page : Carla Devoto, Simona Corniola
Recherche iconographique : Laura Lagomarsino

© 2011 Cideb

Première édition : janvier 2011

Crédits photographiques : Archives Cideb.

Vous trouverez sur le site blackcat-cideb.com (espace étudiants et enseignants) les liens et adresses Internet utiles pour compléter les dossiers et les projets abordés dans le livre.

Pour toute suggestion ou information, la rédaction peut être contactée à l'adresse suivante :
info@blackcat-cideb.com

The Publisher is certified by

 CISQCERT

in compliance with the UNI EN ISO 9001:2000
standards for the activities of 'Design, production,
distribution and sale of publishing products.'
(certificate no. 04.953)

Imprimé en Italie par Litoprint, Gênes

Sommaire

Le texte est intégralement enregistré.

🔊 Ce symbole indique les chapitres et les activités enregistrés et le numéro de leur piste.

◈DELF Les exercices qui présentent cette mention préparent aux compétences requises pour l'examen.

La citadelle de Bonifacio.

La Corse

surface

Quatrième île de la Méditerranée par sa superficie, la Corse est une région française située à 170 km au sud de Nice, à 84 km de la côte italienne (de Piombino, en Toscane) et à seulement 14 km de la Sardaigne. Surnommée « l'Île de Beauté », elle compte environ 300 000 habitants et est composée de deux départements : la Corse du Sud et la Haute-Corse. Les principales villes de l'île sont : Bastia, Ajaccio, Calvi, Corte, Sartène et Bonifacio. Célèbre dans le monde entier, le drapeau corse représente une tête de Maure[1] sur un fond blanc.

Le drapeau corse.

1. **Maure** : ancien habitant des régions du nord de l'Afrique.

4

Paysages et climat

amazing

La Corse offre des paysages variés et époustouflants de par leur beauté. Grâce à ses 1 000 kilomètres de côtes, dont plus de 300 de sable fin, l'île représente une destination de rêve pour les amoureux de la mer et de la plage. Cependant, elle séduit également les passionnés de montagne et de randonnée car elle possède plus de 1 500 kilomètres de sentiers. Le plus connu est sans aucun doute le GR 20, qui traverse l'île du nord au sud à une altitude moyenne de 2 000 mètres sur une distance d'environ 200 kilomètres.

sunshine

Le climat et l'ensoleillement de l'Île de beauté sont exceptionnels : l'été est chaud et sec, tandis que l'hiver est particulièrement doux, surtout sur les côtes.

coasts

La plage de la Rondinella.

La gastronomie corse

La gastronomie Corse est très variée. Impossible de venir en Corse sans déguster ses nombreuses spécialités culinaires : que vous aimiez le poisson ou la viande, il n'y a que l'embarras du choix ! Il faut absolument goûter à la charcuterie corse, avec le *prisuttu* (jambon maigre fumé), le *salamu* (saucisse fumée) ou encore le *figatellu* (saucisse fraîche de foie de porc), ainsi qu'à ses nombreux fromages. Les amateurs de poisson ne manqueront pas de déguster l'*aziminu* (la bouillabaisse corse), mais aussi les sardines farcies ou les rougets

grillés. Les gourmands pourront terminer leur repas par de délicieux desserts, comme le *pastizzu* (gâteau parfumé à l'anis), les *fritelli* (savoureux beignets) ou encore le célèbre *fiadone* (gâteau au fromage frais et au citron).

De la charcuterie corse.

Personnages célèbres

La Corse a vu naître de nombreux personnages célèbres. Citons par exemple l'Empereur Napoléon Bonaparte, né à Ajaccio en 1769, le chanteur Tino Rossi, né à Ajaccio en 1907, l'ancien footballeur professionnel Pascal Olmeta, né à Bastia en 1961, ou encore la chanteuse Alizée, né à Ajaccio en 1984.

Bastia

Située au nord-est de l'île, Bastia est une ville très vivante et très accueillante ; c'est également la préfecture du département de la

Le port de Bastia.

Haute-Corse. Classée ville d'Art et d'Histoire, elle possède de nombreux trésors artistiques, tels que l'église Saint-Jean Baptiste, qui domine le Vieux Port, l'ancien palais des gouverneurs génois, qui abrite aujourd'hui le musée d'Ethnographie corse, ou encore la ~~accomme dates~~ chapelle de l'Immaculée-Conception, construite au tout début du XVIIe siècle. Les habitants de Bastia s'appellent les Bastiais.

Compréhension écrite

1 Lisez le dossier, puis répondez aux questions.

1   Combien y a-t-il d'habitants en Corse ?   *environ 300,000*
2   Quelle est la distance qui sépare Nice de la Corse ?   *170 km (la Corse est au sud de Nice)*
3   Quel est le climat de l'île ?   *Chaud et sec (été) doux (hiver)*
4   Quel est le surnom de la Corse ?   *l'île de beauté*
5   Pour qui la Corse est-elle une destination de rêve ?
6   Quels sont les deux principaux ingrédients du fiadone ?   *fromage frais et citron*
7   Dans quelle ville et en quelle année est né Napoléon Bonaparte ?   *À Ajaccio en 1769*
8   Comment s'appellent les habitants de Bastia ?   *les Bastiais*

7

Personnages

De gauche à droite et de haut en bas : **Alex, Camille, Romain, Colette, monsieur Mariani** entouré de ses deux amis, **la tante** et **la mère de Camille**.

Avant de lire

1 Les mots suivants sont utilisés dans le chapitre 1. Associez chaque mot à l'image correspondante.

a une rivière   c une chaise longue   e un vélo

b un gâteau   d une console   f un magasin

 1 b

 2 f

 3 c

 4 a

 5 d

 6 e

2 Associez chaque mot ou expression soulignés à sa signification.

1 [f] C'est la <u>rentrée des classes</u> !   a Sa grand-mère.

2 [e] Les <u>grandes vacances</u>.   b Ne sois pas triste !

3 [b] Ne <u>fais pas cette tête</u> !   c Sa tante.

4 [a] La <u>mamie</u> de Camille.   d Ne pas s'amuser.

5 [d] Elle a peur de <u>s'ennuyer</u>.   e Les vacances d'été.

6 [c] Elle aime beaucoup sa <u>tata</u>.   f Reprise de l'école après les vacances.

En route pour Zicavo !

C amille est une adolescente sensible, intelligente et joyeuse. Elle a treize ans et vit avec ses parents à Bastia, en Corse. C'est bientôt la rentrée des classes et Camille veut passer les derniers jours des grandes vacances à faire les choses qu'elle aime : lire, aller à la plage ou au cinéma, se balader en ville et sortir avec ses amis. Mais Christine, sa mère, n'est pas d'accord : elle veut l'envoyer chez sa grand-mère.

— Camille, tu as préparé ton sac ? demande Christine. Je te rappelle que demain, je t'accompagne chez mamie Colette.

— Maman, je n'ai pas envie d'aller chez mamie… Je veux passer les derniers jours de vacances ici ! S'il te plaît…

— Camille, on en a déjà parlé. On a beaucoup de choses à faire, ton père et moi. On sera rarement à la maison et on ne veut pas te laisser toute seule.

— Mamie est très gentille, mais je m'ennuie chez elle… Je ne peux pas plutôt aller en colo ?

— Je suis désolée, Camille, lui dit Christine d'une voix triste, mais en ce moment, on n'a pas assez d'argent pour t'envoyer en colonie de vacances. Tu sais bien que papa a perdu son travail…

En général, Camille n'hésite pas à protester lorsqu'elle n'est pas d'accord avec quelqu'un. Mais cette fois, elle comprend que la situation est grave et elle n'insiste pas.

— C'est d'accord, dit Camille à voix basse, j'irai chez mamie...

— Allez, ne fais pas cette tête, tu ne pars que quinze jours ! Tu vas t'amuser, tu verras !

« Quinze jours à la campagne, c'est long ! Qu'est-ce que je vais faire ? » se demande la jeune fille.

La grand-mère de Camille habite dans une maison isolée près de Zicavo, dans le Parc naturel régional de Corse, à environ 150 kilomètres de Bastia. Il n'y a rien à faire dans les environs : pas de piscine, pas de plage, pas de magasins, et le cinéma le plus proche est à 30 kilomètres !

Le lendemain matin, Christine accompagne sa fille à Zicavo. Pendant tout le voyage, Camille regarde par la fenêtre en silence. Elle est triste et inquiète à cause des problèmes de ses parents.

Trois heures plus tard, Camille arrive enfin chez sa grand-mère. Colette s'aperçoit immédiatement que sa petite-fille est triste.

— Bonjour, Camille ! Comme je suis contente de te voir ! Viens, je t'ai préparé du fiadone, ton gâteau préféré ! dit-elle pour la consoler.

— Bonjour, mamie, répond Camille, visiblement plus heureuse. J'arrive tout de suite !

En début d'après-midi, Christine repart à Bastia. Camille lui dit au revoir, puis elle aide sa grand-mère à s'occuper du jardin. Ensuite, elle s'installe sur une chaise longue pour lire et elle s'endort. À 19 heures précises, elle est réveillée par sa grand-mère qui l'appelle depuis la cuisine :

— Camille, à table ! Allez, réveille-toi, tu sais bien que je n'aime pas manger tard !

Après dîner, Camille regarde un peu la télé, puis elle va se coucher. « Et dire que les prochains jours seront tous comme ça... Quelle barbe [1] ! » pense-t-elle.

Le lendemain matin, au petit-déjeuner, Colette dit à Camille :

— J'ai une surprise pour toi. Devine qui vient aujourd'hui ? Ta tante Hélène et ton cousin Romain ! Ils vont s'installer dans la maison près de la rivière. Ton oncle, lui, est en « voyage d'affaires », comme d'habitude...

Colette pense faire plaisir à sa petite-fille, mais c'est tout le contraire ! Camille n'aime pas beaucoup Romain : elle trouve que c'est un garçon capricieux, solitaire et plutôt ennuyeux !

La jeune fille passe la matinée à lire. Après le déjeuner, elle va rendre visite à sa tante et à son cousin avec sa grand-mère. Quand elle arrive, elle s'approche de Romain et lui dit :

— Salut, Romain ! Ça va ? Tu as fait bon voyage ? Je vais faire un tour à vélo, tu veux venir avec moi ?

— Salut, Camille, répond Romain. C'est gentil, mais je préfère jouer à la console.

Déçue, Camille va dans le salon. Quand elle arrive, elle entend sa grand-mère dire à voix basse à sa tante :

— Chut ! Tais-toi, Camille arrive !

— Mamie, dit Camille, je vais faire un tour à vélo.

— D'accord, mais ne rentre pas trop tard... et ne t'éloigne pas trop !

Camille sort de la maison. Elle est inquiète. « Que me cachent-elles ? Et tata Hélène, qu'est-ce qu'elle a ? Elle semble vraiment très triste... »

1. **Quelle barbe !** : quel ennui !

Compréhension écrite et orale

DELF ❶ Écoutez l'enregistrement du chapitre, dites si les affirmations sont vraies (V) ou fausses (F), puis corrigez celles qui sont fausses.

		V	F
1	Camille vit en Corse, à Ajaccio. *B.*	☐	☑

...... *A Bastia en Corse* ....

		V	F
2	Camille adore lire, aller à la plage et sortir avec ses amis.	☑	☐

...... ~~C'est~~ *Elle est triste et dit quelle barbe* ....

		V	F
3	Camille doit aller chez sa grand-mère pour la fin des vacances.	☑	☐

....

		V	F
4	Camille est très contente d'aller chez sa grand-mère.	☐	☑

Elle est triste et dit: Quelle barbe

		V	F
5	Colette habite au bord de la mer.	☐	☑

une maison isolée dans le Parc ~~national~~ régional de Corse

		V	F
6	Pour consoler sa petite-fille, Colette a préparé un gâteau.	☑	☐

....

		V	F
7	Colette adore dîner très tard.	☐	☑

...... *Elle n'aime pas manger tard.* ......

		V	F
8	Le cousin de Camille s'appelle Romain.	☑	☐

....

		V	F
9	Le cousin de Camille adore jouer au foot.	☐	☑

Il ~~pre~~ préfère jouer à la console.

		V	F
10	La tante de Camille s'appelle Christine.	☐	☑

.... *Hélène* ....

		V	F
11	La tante de Camille est malheureuse.	☑	☐

....

		V	F
12	Camille va faire un tour à vélo.	☑	☐

....

Grammaire

Le futur simple

Il sert à exprimer une action ou un fait postérieur au moment où l'on parle. On forme le futur des verbes réguliers en -**er** et -**ir** en ajoutant les terminaisons -**ai**, -**as**, -**a**, -**ons**, -**ez**, -**ont** à l'infinitif du verbe.

Parler : je parlerai, tu parleras, il parlera, nous parlerons, vous parlerez, ils parleront.

Finir : je finirai, tu finiras, il finira, nous finirons, vous finirez, ils finiront.

Pour les verbes en -**re**, le -**e** final disparaît.

Prendre : je prendrai, tu prendras,...   **Mettre** : je mettrai, tu mettras,...

Pour les autres verbes, les terminaisons ne changent pas, mais les radicaux présentent des formes particulières.

Être : je serai, tu seras,...   **Avoir** : j'aurai, tu auras,...

Devoir : je devrai, tu devras,...   **Vouloir** : je voudrai, tu voudras,...

Aller : j'irai, tu iras,...   **Pouvoir** : je pourrai, tu pourras,...

Venir : je viendrai, tu viendras,...   **Faire** : je ferai, tu feras,...

*Tu as gagné : j'**irai** chez mamie.*

*Tu **verras**, tu vas t'amuser !*

*On **sera** rarement à la maison.*

1 Mettez les phrases au futur.

1 Nous partons à Brest dans deux semaines.

   ...*Nous partirons*...

2 Tu achètes une nouvelle voiture.

   ...*Tu acheteras*...

avoir 3 Elles ont beaucoup d'amis.

   ...*Elles auraient*... *auront*

4 Je fais une fête pour mon anniversaire.

   ...*Je ferais*...

prendre 5 Ils prennent le train pour aller à Lille.

   ...*Ils preandront*...

6   Vous allez à la piscine avec vos amis.

......*Vous irez*...

7   Tu peux prendre ma voiture pour aller en ville.

......*Tu pourras*...

8   Je suis très content de venir avec toi.

......*Je serai*...

Enrichissez votre **vocabulaire**

1 Complétez les phrases avec les mots proposés.

| oncle   neveu   cousin   nièce   petits-enfants |
| tante   petite-fille   grand-mère |

1   Camille est la *petite fille* de Colette. Colette est donc sa
   grandmère

2   Romain est le *cousin* de Camille.

3   Hélène est la *tante* de Camille. Camille est donc sa
   nièce .

4   Camille et Romain sont les *petits-enfants* de Colette.

5   Le père de Romain est l' *oncle* de Camille.

6   Christine est la tante de Romain. Romain est donc son *neveu* .

Production écrite et orale

DELF **1** Quels sont vos loisirs préférés ? Décrivez-les en quelques phrases.

DELF **2** C'est bientôt les grandes vacances. Racontez ce que vous ferez en employant le futur.

Avant de lire

1 Les mots suivants sont utilisés dans le chapitre 2. Associez chaque mot à l'image correspondante.

a un bois

b une clairière *clearing*

c une montre

d une gourde *water bottle*

e un écran *screen*

f un canapé *sofa bed*

1 *a.*

2 *f.*

3 *b.*

4 *e.*

5 *c.*

6 *d.*

2 Associez chaque mot souligné à son synonyme.

frustrated

a oncle

b parler beaucoup

c être contrarié, blessé

d la région, les alentours *surroundings*

1 *d.* Je connais bien <u>le coin</u> car je suis né ici.

2 *a.* J'aime beaucoup <u>tonton</u> Pierre : c'est le père de Léo, mon cousin.

3 *b.* Il <u>est bavard</u> : *chatter box / gossip* tu ne vas pas t'ennuyer avec lui.

4 *c.* Mon cousin n'aime pas les critiques, il <u>se vexe</u> facilement.

17

Une étrange rencontre

Camille monte sur son vélo et pédale en direction du village. Après quelques kilomètres, elle prend un sentier qui pénètre dans un petit bois. Il fait chaud et elle commence à avoir soif. Quelques minutes plus tard, elle arrive dans une clairière et elle s'arrête. « Heureusement que j'ai pris une gourde avant de partir » se dit-elle. Après avoir bu, elle s'allonge sur l'herbe pour se reposer un peu. Elle ferme les yeux et écoute... Tout est silencieux, presque étrange... Camille n'est pas très rassurée. Inquiète, elle décide de repartir, quand, soudain, elle sent une main se poser sur son épaule. Elle pousse un cri et se retourne brusquement. Elle se retrouve face à un garçon de son âge.

— Excuse-moi, dit-il, je ne voulais pas te faire peur. Je suis vraiment désolé. Je m'appelle Alex et j'habite près d'ici.

Camille le regarde attentivement : il est grand, brun, bronzé et il a de beaux yeux verts. « Comme il est mignon ! » pense-t-elle.

18

— Tu m'as fait peur, mais ce n'est pas grave, dit-elle. Enchantée. Moi, c'est Camille. J'habite à Bastia et je suis en vacances chez ma grand-mère.

— Tu vis à Bastia ? demande Alex. J'imagine que tu es contente d'être à la campagne loin du stress et de la pollution de la ville...

— Pour être sincère, je préfère la ville. Il n'y a pas grand-chose à faire à Zicavo.

— Tu te trompes ! s'exclame Alex d'un ton irrité. Tu dis ça parce que tu ne connais pas bien le coin !

— Excuse-moi, je ne voulais pas te vexer... Tu sais, j'adore Bastia, parce qu'il y a des tas de choses à faire là-bas ! J'ai l'habitude d'aller au ciné, à la plage, à la médiathèque... *media library*

— Peut-être, mais je peux t'assurer qu'on s'amuse bien ici aussi ! Si tu ne me crois pas, viens avec moi demain et je te montrerai quelque chose !

Camille hésite. « Il est mignon et gentil, mais je ne le connais pas... J'ai une idée ! Je vais demander à Romain de m'accompagner ! »

— D'accord. Mais je peux venir avec mon cousin ? Il est souvent seul, ça lui changera les idées. *take his mind off things*

— Oui, bien sûr ! À 14 heures, ça te va ? demande Alex.

— C'est parfait !

Alex regarde sa montre.

— Désolé, mais il est tard, je dois partir. J'ai promis à mon oncle de l'aider. À demain !

Camille remonte sur son vélo et part chez son cousin. Quand elle arrive chez lui, il est encore en train de jouer à la console. Camille lui raconte son aventure dans les bois et elle lui propose de l'accompagner le lendemain.

— Je ne sais pas trop, dit Romain sans lever les yeux de l'écran. Tu sais, la nature...

Camille est vexée. Elle sort de la maison sans lui dire au revoir. Lorsqu'elle arrive chez sa grand-mère, il est déjà 20 heures.

— Camille, dit Colette, il est tard, j'étais inquiète ! Où étais-tu ?

— Excuse-moi, mamie, mais je suis allée voir Romain avant de rentrer et je n'ai pas vu l'heure passer. Dis-moi, qu'est-ce qu'elle a tata Hélène ? Elle a l'air si triste... C'est à cause de tonton, c'est ça ?

— Oui, mais comment le sais-tu ? Romain t'en a parlé ?

— Non, je l'ai compris toute seule. Tu sais bien que Romain n'est pas très bavard.

— C'est vrai. Voilà : ton oncle veut quitter ta tante...

Camille se met à table et pense à Romain. « Il est probablement triste à cause de cette histoire. Demain, je lui proposerai encore une fois de m'accompagner. »

Le lendemain après-midi, quand Camille arrive chez son cousin, elle trouve sa tante assise sur le canapé. « Comme ses yeux sont rouges et gonflés... Elle a sûrement pleuré... » se dit-elle.

La jeune fille monte immédiatement dans la chambre de son cousin.

— Salut, Romain, ça va ? Mamie m'a parlé des problèmes de tes parents et je...

— Ce sont des choses qui arrivent, répond-il d'un ton indifférent. Mais ce n'est pas très grave... De toute façon, mon père ne s'intéresse pas à moi.

Camille est étonnée par l'indifférence de son cousin, mais elle lui demande quand même de venir avec elle.

— Ils t'ont demandé de t'occuper de moi ? demande Romain. Écoute, tu perds ton temps, je n'ai besoin de personne.

Furieuse, Camille part immédiatement retrouver son nouvel ami dans le bois. Tant pis pour Romain !

Compréhension écrite et orale

DELF **1** Lisez le chapitre puis répondez aux questions.

[handwritten: Elle a soif et doit reposer un peu]

1 Pourquoi Camille s'arrête-t-elle dans une clairière ?

2 Pourquoi Camille décide-t-elle de repartir ? *[handwritten: Elle est inquiète a cause d'un silence presque étrange]*

3 Comment Camille trouve-t-elle le garçon qu'elle rencontre ? *[handwritten: Elle le regard comme un mignon]*

4 De quelle couleur sont les yeux d'Alex ? *[handwritten: Verts]*

5 Où habite Alex ? *[handwritten: Zicavo]*

6 Pourquoi Camille préfère-t-elle Bastia à Zicavo ? *[handwritten: À Zicavo il n'y a rien à faire, À Bastia il y a le ciné, la plage, la mediathèque]*

7 À quelle heure Alex donne-t-il rendez-vous à Camille ? *[handwritten: 4h]*

8 Pourquoi Alex doit-il partir ? *[handwritten: Il doit aider son oncle]*

9 Romain accepte-t-il d'accompagner Camille ? *[handwritten: Non]*

10 À quelle heure Camille arrive-t-elle chez sa grand-mère ? *[handwritten: 8 heure]*

11 Pourquoi tante Hélène est-elle triste ? *[handwritten: Son mari va la quitter]*

12 Comment réagit Romain face aux problèmes de ses parents ? *[handwritten: Il est indifferent. Il dit que son père ne s'interesse pas à lui.]*

2 Écoutez l'enregistrement, puis entourez la ou les bonne(s) réponse(s).

DELF

Camille	
Âge	13 ans / 14 ans / 15 ans
Date de naissance	23/04 / 16/04 / 16/05
Lieu de naissance	Bastia / Ajaccio / Calvi
Signe astrologique	Poissons / Bélier / Vierge *[handwritten: Aries / Virgo / fisces]*
Taille et corpulence	grande / petite / moyenne / ronde
Cheveux	roux / bruns / blonds / châtains / longs / courts / raides / frisés *[handwritten: chestnut / straight]*
Yeux	marron / verts / bleus

Romain

Âge	13 ans / 14 ans / 15 ans
Date de naissance	12/06 / 21/06 / 12/07
Lieu de naissance	Bastia / Ajaccio / Calvi
Signe astrologique	Scorpion / Gémeaux / *Leo* Lion *Gemini*
Taille et corpulence	grand / petit / moyen / rond / mince
Cheveux	roux / bruns / blonds / châtains / longs / courts / raides / frisés
Yeux	marron / verts / bleus

Alex

Âge	13 ans / 14 ans / 15 ans
Date de naissance	22/08 / 18/09 / 23/09 *Zicavo*
Lieu de naissance	Bastia / Ajaccio / Calvi
Signe astrologique	Balance / Sagittaire / *Libra* Verseau *Aquarius*
Taille et corpulence	grand / petit / moyen / rond / mince
Cheveux	roux / bruns / blonds / châtains / longs / courts / raides / frisés
Yeux	marron / verts / bleus

Bastia, Ajaccio et Calvi sont 3 des villes principales de l'île de la Corse

Enrichissez votre **vocabulaire**

1 **Associez chaque mot ou expression soulignés à sa signification.**

1 *g* Il ne veut pas venir ? Tant pis pour lui !
2 *i* Emma fait une pause parce qu'elle a soif.
3 *e* Julien aime beaucoup Karine, une jeune fille de son âge.
4 *h.* Il faut faire quelque chose : il y a trop de pollution dans cette ville.
5 *d* Fais attention, tu ne dois pas te tromper !
6 *f.* Arrête, tu perds ton temps !
7 *c* Ma mère a l'air très triste.
8 *a* Il va souvent à la médiathèque pour emprunter des CD.
9 *b* Je suis allé au cinéma pour me changer les idées.

a Lieu où on peut consulter et emprunter différents types de médias.
b Se distraire, penser à autre chose.
c Sembler.
d Faire une erreur.
e Qui a le même âge que lui.
f Faire des choses inutiles.
g C'est dommage.
h Dégradation de l'environnement.
i Envie de boire.

Production écrite et orale

1 **Préférez-vous la ville ou la campagne ? Pourquoi ?**

DELF **2** **Racontez en quelques phrases la dernière fois où vous ne vous êtes pas senti(e) rassuré(e).**

Avant de lire

1 Les mots suivants sont utilisés dans le chapitre 3. Associez chaque mot à l'image correspondante.

a une échelle de corde *rope ladder*   c un écureuil   e une ferme *farm*

b une cabane *hut, shed*   d un banc *bench*   f une casserole *saucepan*

1 b   2 c   3 d   4 e   5 d   6 f

2 Complétez les phrases avec les mots proposés. *bushy undergrowth annoy, anger*

den on the eve of to get along with

> **repaire   veille   bien s'entendre   bête   broussailles   fâcher**

1 Les ..*broussailles*.., c'est une végétation composée d'arbustes et de plantes épineuses, caractéristique des sous-bois.

2 Être ....*bête*...., c'est être stupide.

3 Je l'ai vu la ..*veille*.......... de Noël, c'est-à-dire le 24 décembre.

4 Un ..*repaire*...., c'est un lieu qui sert d'abri à des personnes souvent dangereuses.

5 *Bien s'entendre* avec quelqu'un, c'est avoir de bonnes relations avec cette personne.

6 ..*Fâcher*...... quelqu'un, c'est mettre en colère cette personne.

25

Une cabane secrète

C amille retrouve sans difficulté la clairière où elle a rencontré Alex. Lorsqu'elle arrive au lieu de rendez-vous, tout est étrange et silencieux, comme la veille. Camille commence à avoir peur. Heureusement, quelques instants plus tard, Alex arrive enfin.

— Tu es toute seule ? demande-t-il.

— Oui... Mon cousin est vraiment trop bête ! Il n'a pas voulu venir parce qu'il préfère jouer à la console.

— Tant pis pour lui ! Laissons nos vélos ici et allons-y !

— Où ça ?

— Tu verras... C'est un secret !

Alex marche très vite et Camille n'arrive pas à le suivre. En plus, il y a des broussailles partout et elle a peur de tomber.

— Attends-moi ! crie Camille. C'est vraiment la jungle, ici !

— Ne t'inquiète pas, on est presque arrivés, réplique Alex. Donne-moi la main.

Maintenant, Camille n'a plus peur. Elle a confiance en ce garçon au sourire et au regard sincères. Soudain, Alex annonce avec enthousiasme :

26

— Ça y est ! On est arrivés !

Il montre du doigt un arbre au feuillage très épais, puis il dit :

— Tu vois en haut de l'arbre ? C'est ma cabane secrète !

— Une cabane ! Mais... c'est génial ! s'exclame Camille.

— Oui, c'est ma cachette. J'adore cet endroit. Il y a quelque chose de vraiment magique ici... Viens, je te fais visiter !

Alex est très agile. Il grimpe à l'arbre comme un écureuil, puis il lance une échelle de corde à Camille. Après quelques efforts, Camille arrive en haut de l'arbre.

— C'est magnifique ! s'exclame-t-elle. C'est une véritable petite maison !

Camille remarque des livres posés sur un petit banc.

— Je vois que toi aussi tu adores les romans policiers, dit-elle. Tu viens ici pour lire ?

— Oui, pour lire ou tout simplement pour me reposer et rêver un peu... Je n'aime pas rester chez moi, je ne m'entends pas très bien avec mon oncle.

— Excuse-moi si je suis indiscrète, mais... tu ne vis pas avec tes parents ? demande Camille avec hésitation.

— Mes parents ? Ils sont morts tous les deux... il y a longtemps. Depuis, j'habite chez mon oncle, mais je ne l'aime pas beaucoup.

Alex et Camille parlent tout l'après-midi : ils se racontent leur vie, parlent de livres, de leurs passions... À un moment donné, Camille regarde sa montre et s'exclame :

— Alex, je suis désolée, mais il est tard ! Je dois rentrer. Je n'ai pas vu le temps passer. Merci, je me suis vraiment bien amusée !

— Moi aussi ! dit Alex. On se voit demain à la même heure ?

— Avec plaisir ! répond Camille enthousiaste. À demain, alors !

De retour chez elle, Camille raconte à sa grand-mère qu'elle a un nouveau copain.

— Comment s'appelle-t-il ? demande Colette. Je le connais peut-être...

— Il s'appelle Alex. Il habite avec son oncle dans la ferme...

— Mariani ! Alex Mariani ! s'exclame Colette. Je t'interdis de revoir ce garçon !

— Mais... Pourquoi ? demande Camille, étonnée. Il est très gentil et en plus, il est très mignon.

Colette pose la casserole qu'elle tient dans les mains, va s'asseoir sur le canapé et demande à sa petite-fille de venir près d'elle. Elle cherche ses mots pendant quelques instants, puis elle lui dit :

— Écoute ma chérie, monsieur Mariani a une très mauvaise réputation. Il a eu des problèmes avec la police et, au village, on l'évite. Et puis tout le monde dit que sa ferme est un repaire de voleurs. D'ailleurs, je me demande de quoi il vit... Il ne travaille pas et il possède seulement un cochon, deux ou trois canards et quelques poules.

Camille écoute attentivement sa grand-mère. C'est la première fois qu'elle lui parle aussi sérieusement. Cependant, elle ne comprend pas pourquoi elle est aussi dure avec Alex.

— Alex n'y est pour rien dans ces histoires. D'ailleurs, il n'aime pas beaucoup son oncle, dit Camille.

— Je ne veux pas le savoir ! réplique Colette, visiblement en colère. Tu ne dois plus voir ce garçon et, surtout, tu ne dois jamais aller à la ferme de monsieur Mariani !

Camille n'est pas d'accord avec sa grand-mère et elle ne veut pas renoncer à voir Alex. Cependant, pour ne pas la fâcher, elle lui dit :

— C'est d'accord, mamie, je ne le verrai plus...

Compréhension écrite et orale

DELF **1** Écoutez l'enregistrement du chapitre, puis dites si les affirmations sont vraies (V) ou fausses (F).

		V	F
1	Camille retrouve facilement la clairière où elle a rencontré Alex la première fois.	✓	☐
2	Romain n'a pas voulu venir avec Camille parce qu'il préfère jouer à la console.	✓	☐
3	Alex fait découvrir sa cabane secrète à Camille.	✓	☐
4	Camille et Alex adorent les romans d'aventures.	☐	☐
5	Alex vit avec son oncle car ses parents sont décédés.	✓	☐
6	Colette interdit à Camille de voir Alex.	✓	☐
7	Camille trouve Alex très gentil et très mignon.	✓	☐
8	L'oncle d'Alex possède beaucoup d'animaux.	✓	✓ ?
9	Monsieur Mariani a une excellente réputation.	☐	✓
10	Camille veut continuer à voir Alex.	✓	☐

Grammaire

Le passé composé

Pour former le passé composé, on utilise l'auxiliaire **être** ou **avoir** au présent et on ajoute le participe passé du verbe conjugué.

*Elle retrouve la clairière où elle **a rencontré** Alex.*

*Il n'**a** pas **voulu** venir parce qu'il préfère jouer à la console.*

*Je me **suis** vraiment bien **amusée**.*

Le passé composé des auxiliaires **être** et **avoir** est :

Être : j'ai été, tu as été, il a été, nous avons été, vous avez été, ils ont été.

Avoir : j'ai eu, tu as eu, il a eu, nous avons eu, vous avez eu, ils ont eu.

Le participe des verbes du 1er groupe (-**er**) se termine par -**é** ; ceux du 2e groupe (-**ir**), par -**i**. Les verbes du 3e groupe sont tous irréguliers.

En voici quelques-uns :

Apprendre : appris	**Mourir** : mort	**Pouvoir** : pu
Dire : dit	**Naître** : né	**Prendre** : pris
Faire : fait	**Devoir** : dû	**Vouloir** : voulu

1 Mettez les phrases au passé composé.

1 Elle est très heureuse de te revoir. *Elle a été* ~~Nous avons été~~
2 Nous avons un très beau chien. *Nous avon eu*
3 Il va à la piscine. *Il est venu*
4 Vous pouvez venir chez moi. *Vous avez pu*
5 Je veux partir en Corse. *Je suis venu parti J'ai voulu*
6 Ils apprennent à jouer de la musique. *Ils avaient appris*
7 Tu es premier de ta classe. *Tu as été*
8 Elles finissent de travailler tard. *Elles avaient fini ont*

Enrichissez votre **vocabulaire**

1 Associez chaque mot ou expression soulignés à son synonyme.

1 *e* Jérôme <u>n'y est pour rien</u> dans cette affaire.
2 *a* Il <u>grimpe</u> rapidement dans l'arbre.
3 *d* Tu as vu, mon frère est vraiment très <u>agile</u> !
4 *f* En vacances, je me suis fait un nouveau <u>copain</u>.
5 *c* Mon cousin a une très mauvaise <u>réputation</u>.
6 *b.* Le <u>feuillage</u> de l'arbre est très épais.

a Monter, escalader.
b Les feuilles et les branches.
c Opinion que les gens ont d'une personne.
d Souple.
e Ne pas être responsable.
f Ami.

2 Associez chaque animal à l'image correspondante.

a un cochon   **c** un lapin   **e** un canard

b une vache   **d** une poule   **f** une chèvre

1 *e*   2 *f*   3 *d*

4 *c*   5 *b*   6 *a*

Production écrite et orale

1 Camille a changé d'avis : elle décide d'écouter les conseils de sa grand-mère. Le lendemain, elle dit à Alex qu'elle ne peut plus le voir. Imaginez le dialogue entre Camille et Alex.

2 Avez-vous un endroit secret où vous aimez vous réfugier ? Décrivez-le en quelques lignes.

DELF **3** Quel genre de livre aimez-vous lire ? Quel est votre livre préféré ?

Avant de **lire**

1 Les mots suivants sont utilisés dans le chapitre 4. Associez chaque mot à l'image correspondante.

a une guitare   **c** une prison   **e** un feu de camp

b un pompier *fireman*   **d** un incendie *fire*   **f** une grange *barn*

 1 *c*

 2 *e*

 3 *a*

 4 *f*

 5 *b*

 6 *d*

2 Associez chaque mot ou expression soulignés à son synonyme.

1 *e* Le <u>prof</u> est vraiment sympa.   **a** Prend.

2 *a* Il <u>emmène</u> toujours sa guitare.   **b** Audible.

3 *f* Il a rencontré son oncle <u>par hasard</u>.   **c** Rapidement.

4 *c* Il arrive <u>à grands pas</u>.   **d** Terrorisée.

5 *b* Un son à peine <u>perceptible</u>.   **e** Enseignant.

6 *d* Elle est <u>effrayée</u>.   **f** Accidentellement.

Une curieuse absence...

Camille n'écoute pas sa grand-mère et elle continue de voir Alex. Les deux amis se retrouvent tous les jours à la cabane. Camille apprend beaucoup de choses : Alex lui enseigne le nom des plantes ou lui parle des livres qu'il aime. En plus, il joue de la guitare et il lui fait découvrir de nombreuses chansons.

— Tu joues vraiment très bien, dit Camille. Tu fais de la musique depuis longtemps ?

— Oui, répond Alex, depuis que j'ai 6 ans. Ma mère était prof de musique. D'ailleurs, cette guitare est à elle... C'est la chose la plus précieuse que j'ai, je l'emmène partout où je vais !

Ce jour-là, lorsque Camille rentre chez elle, elle trouve la maison vide : sa grand-mère n'est pas là. Elle met la table et commence à préparer le dîner. À 20 heures, Colette arrive enfin. Elle semble agitée.

— Excuse-moi d'être en retard, ma chérie, mais je suis allée prendre le thé chez une amie et un incendie s'est déclaré à côté de chez elle. On a appelé les pompiers et je suis restée avec elle parce qu'elle avait très peur...

— Ce sont probablement des jeunes qui ont allumé un feu de camp, dit Camille. Et avec le vent...

— Malheureusement non, dit Colette. Ce n'est pas un accident... Tu sais, ici, les incendies éclatent rarement par hasard. Il y en a eu beaucoup cet été. Les pyromanes profitent de la sécheresse et du vent pour incendier les bois.

— Mais pourquoi ils font ça ? demande Camille.

— Ils sont payés pour le faire, tiens donc ! Ces gens-là veulent moins d'arbres et plus de maisons, de golfs, d'hôtels, de terrains de sport... Alors, ils brûlent nos forêts...

— Ce n'est pas juste ! s'exclame Camille. Ils doivent aller en prison ! Ils détruisent la nature et ils mettent la vie des gens en danger !

— Je suis tout à fait d'accord avec toi ! J'espère que la police réussira à les arrêter.

Après dîner, Camille va dans sa chambre. Elle est fatiguée et elle s'allonge sur son lit. Elle pense à cette histoire d'incendie. « Il faut que j'en parle à Alex ! » se dit-elle.

Le lendemain, lorsque Camille arrive à la cabane, Alex n'est pas là. « C'est bizarre, d'habitude, il n'est jamais en retard » pense-t-elle.

Après une heure d'attente, inquiète, elle décide d'aller chez lui. Lorsqu'elle arrive devant la ferme de monsieur Mariani, elle pose son vélo contre un arbre et s'approche de la porte avec hésitation. L'endroit est triste et semble presque abandonné. Soudain, elle entend une voix grave.

— Eh, toi ! Qu'est-ce que tu fais là ?

Camille se retourne brusquement : un homme s'approche d'elle à grands pas. Il est immense, il a un visage sévère, des tatouages sur les bras et des mains énormes. Camille est

effrayée. Elle essaie de répondre, mais aucun mot ne sort de sa bouche, juste un murmure à peine perceptible.

— Qu'est-ce que tu as dit ? demande l'homme. Je n'ai rien compris !

— Je cherche... euh... un garçon. Il s'appelle Alex.

— Alex ? Il n'est pas là, dit l'homme sur un ton sec. [sharp] Tu peux rentrer chez toi maintenant.

— Mais... Il habite bien ici, n'est-ce pas ? Vous... Vous êtes son oncle ? demande Camille.

— Oui, Alex est mon neveu, mais il n'habite plus ici. Il est parti en Suisse ce matin.

— En Suisse ? demande Camille, étonnée.

— Exact, mais ce ne sont pas tes affaires. Rentre chez toi, je ne veux plus te voir ici !

« L'oncle d'Alex est vraiment terrible ! pense Camille. Je comprends pourquoi Alex ne l'aime pas beaucoup... »

Camille remonte en vitesse sur son vélo. Soudain, elle remarque la guitare d'Alex posée par terre, près de la grange. [barn] « C'est étrange, pense-t-elle, Alex m'a dit qu'il ne se séparait jamais de sa guitare. Il m'a même dit que c'est la chose la plus précieuse qu'il possède. »

Arrivée chez elle, Camille échange quelques mots avec sa grand-mère et monte immédiatement dans sa chambre. Cette histoire la préoccupe car elle n'est absolument pas convaincue de l'explication de monsieur Mariani. « Alex ne m'a jamais parlé de la Suisse..., se dit-elle. En plus, il est parti sans me dire au revoir et surtout sans sa guitare ! Ça n'a pas de sens ! C'est sûr, il lui est arrivé quelque chose ! »

Camille s'allonge sur son lit pour réfléchir : « Je dois trouver une solution... Et vite ! »

Compréhension écrite et orale

DELF **1** Écoutez l'enregistrement du chapitre, dites si les affirmations sont vraies (V) ou fausses (F), puis corrigez celles qui sont fausses.

		V	F
1	Camille a suivi les conseils de sa grand-mère : elle ne voit plus Alex.		☑

....

		V	F
2	Alex adore la musique : il joue du ~~violon~~ *guitare* depuis qu'il a ~~8~~ *6* ans.		☑

....

		V	F
3	Colette est allée prendre le thé chez une amie.	☑	~~☑~~

.... *chez Alex* ....

		V	F
4	Les gens incendient les bois pour s'amuser.		☑

.... *pour gagner d'argent* ....

		V	F
5	Le lendemain, quand Camille arrive à la cabane, Alex n'est pas encore arrivé.	☑	

....

		V	F
6	Camille est inquiète car son ami n'est jamais en retard.	☑	

....

		V	F
7	La ferme de l'oncle d'Alex est un endroit accueillant.	☑	☑

.... *triste et semble presque abandonné* ....

		V	F
8	Alex est parti en Angleterre pour travailler.		☑

.... *L'oncle dit qu'il est parti en Suisse.* ....

		V	F
9	Camille pense que son ami est en danger car elle ne croit pas l'oncle d'Alex.	☑	

....

		V	F
10	Camille veut trouver une solution rapidement.	☑	

....

2 Lisez le chapitre, puis associez chaque fin de phrase à son début.

1 $\boxed{e}$ Alex enseigne à Camille le nom des plantes et

2 $\boxed{c}$ La chose la plus précieuse qu'Alex possède est

3 $\boxed{a}$ Colette est en retard car

4 $\boxed{f}$ Ce n'est pas un accident car

5 $\boxed{b}$ Les pyromanes détruisent la nature et ils

6 $\boxed{d}$ Camille s'allonge sur son lit pour

break out

a un incendie s'est déclaré près de la maison d'une de ses amies.

b mettent la vie des gens en danger.

c sa guitare qu'il emmène partout.

d réfléchir et trouver une solution.

e il lui parle des livres qu'il aime.

f les incendies éclatent rarement par hasard.

3 Relisez le chapitre, puis dites de quel(s) personnage(s) il s'agit.

1 Ils se retrouvent tous les jours à la cabane. *Alex et Camille*

2 Il aime la botanique et la musique. *Alex*

3 Elle est allée prendre le thé chez une amie. *Colette*

4 Ils profitent du vent pour incendier les bois. *Les pyromanes*

5 Elle se rend à la ferme de l'oncle d'Alex à vélo. *go to (gets to)* *Camille*

6 Il a des tatouages sur les bras. *L'oncle de Alex*

7 Ils sont venus pour éteindre l'incendie. *Les pompiers*

8 Elle rentre chez elle à 20 heures et elle est agitée. *Colette*

9 Ils doivent aller en prison car ils détruisent la nature. *Les pyromanes*

10 Elle pense que l'oncle d'Alex est terrible. *Camille*

Enrichissez votre **vocabulaire**

1 Complétez les phrases avec les mots proposés.

> ses affaires   mettre la table   pyromane
> agité   en vitesse   sécheresse

1 Un ..*Pyromane* est une personne déséquilibrée qui ne peut pas s'empêcher d'allumer des incendies.

2 Il n'a pas plu depuis deux mois : la végétation souffre de la *Sécheresse*

3 Avant de dîner, il faut *mettre la table*, c'est-à-dire placer les couverts, les assiettes et les verres sur la table.

4 Faire quelque chose *en vitesse*, c'est le faire rapidement.

5 *Agité* est le contraire de *calme*.

6 Je lui ai dit que ce n'était pas *ses affaires* parce que cela ne le concerne pas.

2 Associez chaque instrument de musique à l'image correspondante.

a un violon   **c** une batterie   **e** une flûte
b un saxophone   **d** un accordéon   **f** une trompette

3 Retrouvez le nom des instruments de l'exercice précédent dans la grille.

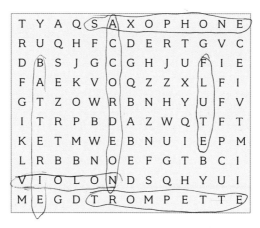

4 Associez chaque pays francophone à sa capitale.

1	*c*	La Suisse	**a**	Alger
2	*b*	Le Canada	**b**	Ottawa
3	*e*	La Belgique	**c**	Berne
4	*f*	Le Sénégal	**d**	Rabat
5	*d*	Le Maroc	**e**	Bruxelles
6	*a*	L'Algérie	**f**	Dakar

Production écrite et orale

DELF **1** Aimez-vous la musique ? Jouez-vous d'un instrument de musique ? Quel est votre instrument préféré ?

DELF **2** Quelle est la chose la plus précieuse que vous possédez ? L'avez-vous toujours avec vous ?

PROJET **INTERNET**

Les sapeurs-pompiers *firemen*

Rendez-vous sur le site www.blackcat-cideb.com. Écrivez le titre du livre dans la barre de recherche, puis sélectionnez-le. Dans la page de présentation du livre, cliquez sur « Projets Internet » pour accéder au lien de chaque projet.

A Cliquez sur « Découvrir » – « Les sapeurs-pompiers ».

▶ Combien y a-t-il de sapeurs-pompiers en France ?

▶ Quels sont les équipements qui composent la tenue d'intervention dite « de base » ou « F1 » ?

▶ Quels sont les différents types de véhicules de secours ?

▶ Quelles sont les quatre missions des sapeurs-pompiers ?

B Cliquez sur « Découvrir » – « La prévention & l'urgence ».

▶ Dans quels cas doit-on appeler le 18 ?

▶ Quels renseignements doit-on donner lorsqu'on appelle le 18 ?

▶ Comment peut-on limiter les risques d'incendie domestique ?

▶ Que doit-on faire pour prévenir les noyades ?

C Cliquez sur « Devenir pompier ».

▶ Quelles sont les principales conditions pour devenir sapeur-pompier volontaire ?

▶ Comment devenir « jeune sapeur-pompier » ?

Le lac de Nino et ses « pozzines ».

Le parc naturel régional
de Corse

Créé en 1972, le parc naturel régional de Corse couvre une superficie
d'environ 350 000 hectares, soit presque 40 % de la surface totale de
l'île. Il s'étend du nord-ouest au sud-est de la Corse, regroupe 145
communes et compte un peu plus de 26 000 habitants. Son rôle est
multiple puisqu'il doit revaloriser l'espace rural, développer les
activités de randonnées et préserver le patrimoine naturel (faune et
flore), humain (traditions populaires, savoir-faire, techniques, etc.) et
culturel (vestiges archéologiques, architecture traditionnelle, etc.).
Son domaine est principalement montagneux : il comprend, en effet,
les sommets les plus importants de l'île comme le *Monte Cinto* (2 706
mètres), le *Monte Rotondo* (2 622 mètres) ou encore le *Monte Renoso*
(2 352 mètres). Cependant, il offre également un panorama complet
des paysages corses, puisqu'il abrite de très grandes forêts, des
plages, de magnifiques lacs d'altitude, des torrents…

Les calanches de Piana dans la réserve de Scandola.

Les sites à visiter

Il est particulièrement intéressant de visiter la réserve de Biosphère de la vallée du fleuve Fangu (créée en 1977 pour préserver la biodiversité de la vallée), les sites archéologiques de Cucuruzzu et Capula (vestiges [1] de deux forteresses qui datent de l'Âge de Bronze), le village des Tortues de Moltifao (centre de protection et d'information sur la Tortue d'Hermann), les Gorges de la Restonica, ou encore la célèbre réserve naturelle de la presqu'île de Scandola, classée au patrimoine mondial de l'Unesco.

La faune et la flore

Le parc abrite une végétation vraiment exceptionnelle. On trouve en altitude de très grandes forêts de pins ou de hêtres, des plantations de châtaigniers dans les hautes vallées et, près du littoral, des espèces exotiques, comme le figuier de barbarie, l'agave d'Amérique ou l'aloès.

---

1. **Des vestiges** : ce qui reste d'une chose disparue ou qui a été détruite.

La faune du parc est également très riche. Elle comprend plusieurs espèces menacées ou en voie de disparition, comme le cerf de Corse (dont la population est estimée à environ 500 animaux), le mouflon de Corse (mouton sauvage au corps trapu), l'aigle royal ou encore le gypaète barbu, qui est l'une des quatre grandes espèces de vautours européens.

Le gypaète barbu.

Compréhension écrite

1 Lisez le dossier, puis dites si les affirmations sont vraies (V) ou fausses (F).

		V	F
1	Le parc naturel régional de Corse a été créé en 1982.		☑
2	Le parc couvre presque 40 % de la surface de l'île.	☑	
3	Le parc naturel sert uniquement au tourisme.		☑
4	La réserve de Biosphère se trouve dans la vallée du fleuve Rotondo.		☑
5	La forteresse de Cucuruzzu date de l'Âge de Bronze.	☑	
6	La réserve naturelle de la presqu'île de Scandola est classée au patrimoine mondial de l'Unesco.	☑	
7	En Corse, le figuier de Barbarie se trouve dans les hautes vallées.		☑
8	Le gypaète barbu est un mouton sauvage.		☑

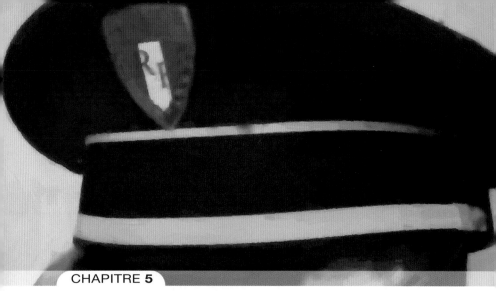

Une jeune fille intrépide

L e lendemain matin, Camille est très agitée car elle n'a presque pas fermé l'œil de la nuit. Cependant, elle a pris une décision importante : elle va avertir la police ! C'est la première fois qu'elle est aussi déterminée !

Elle prend rapidement son petit-déjeuner, puis elle se rend au commissariat du village. Quand elle arrive devant la porte, elle hésite à entrer : elle se demande si elle a fait le bon choix. « Alex a toujours affronté les problèmes sans l'aide de personne, mais là, il est en danger ! Je dois absolument l'aider ! » se dit-elle pour se donner du courage.

Quelques secondes plus tard, Camille se décide finalement à franchir[1] la porte. Elle entre et s'approche d'un policier.

— Bonjour, dit l'homme, qu'est-ce que je peux faire pour toi ?

Camille est un peu confuse : elle ne sait pas très bien par où commencer. « Allez, Camille, courage ! Ton ami est en danger ! » se dit-elle.

---

1. **Franchir** : passer.

— Voilà, je m'appelle Camille, je suis la petite-fille de madame Santoni. Je suis venue signaler la disparition de mon ami Alex Mariani...

Camille lui raconte toute l'histoire : leur rencontre, la cabane, les rendez-vous dans le bois, l'accueil [2] glacial de monsieur Mariani, le départ en Suisse, la guitare oubliée... Le policier l'écoute attentivement et prend sa déposition.

— Voilà, dit Camille. Je suis sûre qu'Alex est en danger !

— Je comprends, dit le policier. Nous allons faire des contrôles.

— Des contrôles ??? s'exclame Camille. Mais... Vous n'allez pas arrêter monsieur Mariani ?

— L'arrêter ? Mais pour quelle raison ? Nous n'avons aucune preuve contre lui. Écoute, Camille, je sais que tu es inquiète, mais tu dois rester calme. Nous ferons tout le nécessaire et nous retrouverons ton ami...

Camille comprend la réaction du policier, mais elle est déçue. Elle rentre chez elle et passe toute la matinée dans sa chambre à réfléchir. L'après-midi, elle se rend de nouveau à la cabane. Malheureusement, Alex n'y est pas... Le soir, elle dîne à peine, puis elle va se coucher. Pendant la nuit, elle fait des cauchemars et se réveille plusieurs fois. Le lendemain matin, lorsqu'elle se lève, elle rappelle immédiatement la police.

— Allô ? Bonjour, je suis Camille, la petite-fille de madame Santoni, je...

— Oui, bonjour, Camille ! J'ai de bonnes nouvelles pour toi. Nous avons interrogé monsieur Mariani qui nous a confirmé [3] avoir envoyé son neveu en Suisse pour ses études. Il m'a donné le numéro

2. **Accueil** : manière de recevoir quelqu'un.
3. **Confirmer** : assurer qu'une chose est vraie, la rendre certaine.

de téléphone de l'école. Je ne peux malheureusement pas vérifier aujourd'hui parce que c'est dimanche, mais je le ferai demain...

— Demain ??? s'exclame Camille. Mais...

— Écoute, Camille, je sais que tu es triste parce que ton ami ne t'a pas dit au revoir, mais ne t'inquiète pas : je suis sûr qu'Alex va très bien et qu'il t'écrira bientôt...

Déçue, Camille salue le policier et raccroche. Elle est certaine que l'oncle d'Alex a menti. « Demain, il sera peut-être trop tard..., pense-t-elle. Je n'ai plus qu'une chose à faire : retrouver Alex par mes propres moyens ! Peut-être que Romain acceptera de m'aider. »

Camille prend son vélo et se rend immédiatement chez son cousin. Dès qu'elle arrive, elle lui dit :

— Romain, tu es la seule personne en qui je peux avoir confiance. Écoute bien, parce que je dois te dire quelque chose de très important...

Romain comprend que sa cousine est très inquiète. Il arrête de jouer avec sa console et la regarde attentivement. Camille lui raconte alors toute l'histoire.

— Je suis sûre qu'Alex est en danger... Romain, j'ai besoin de ton aide...

— D'accord, mais qu'est-ce que je peux faire ? Tu sais, en général, à part ma console...

— Voilà, ce soir, quand il fera nuit, je veux aller à la ferme de monsieur Mariani. Je suis sûre qu'Alex est là-bas et que son oncle le retient prisonnier. Mais je ne veux pas y aller toute seule, c'est trop dangereux...

— D'accord, je t'accompagne ! À quelle heure on se voit ?

— À 23 heures, sur la route du village, près du petit pont... Je compte sur toi, ne sois pas en retard !

— Ok, j'y serai...

Compréhension écrite et orale

DELF **1** Écoutez l'enregistrement du chapitre, puis cochez la bonne réponse.

1 Camille a pris une décision importante : avertir *inform*

   a ☐ sa tante.   **b** ☑ la police.   **c** ☐ sa grand-mère.

2 Camille veut aider Alex car elle pense qu'il est en

   a ☑ danger.   **b** ☐ bonne santé.   **c** ☐ retard.

3 Camille prend son petit-déjeuner et va

   a ☐ à la mairie.   **b** ☐ à l'hôpital.   **c** ☑ au commissariat.

4 Camille dit au policier qu'elle veut signaler

   a ☑ un enlèvement. *abduction*   **b** ☑ une disparition.   **c** ☐ un retard.

5 Le policier décide de faire des

   a ☐ tests.   **b** ☐ expertises.   **c** ☑ contrôles.

6 Pendant la nuit, Camille fait des

   a ☐ dessins.   **b** ☐ rêves.   **c** ☑ cauchemars.

7 Le policier dit à Camille qu'il téléphonera à l'école

   a ☐ le jour même.   **b** ☑ le lendemain.   **c** ☐ dans trois jours.

8 Camille prend son vélo pour se rendre

   a ☑ chez son cousin.   **b** ☐ à la police.   **c** ☑ à la cabane.

9 Camille demande à Romain de l'accompagner parce qu'elle

   a ☐ n'a pas de vélo.   **b** ☐ s'ennuie.   **c** ☑ a peur.

10 Camille donne rendez-vous à Romain à

   a ☐ 22 heures.   **b** ☑ 23 heures.   **c** ☐ 21 heures.

11 Le nom de famille de Colette est

   a ☑ Santoni.   **b** ☐ Bantoni.   **c** ☐ Fantoni.

Grammaire

Les pronoms personnels

Les pronoms personnels remplacent des personnes ou des objets. Leur forme change selon la fonction qu'ils ont dans la phrase.

- Sujet

  Camille hésite à entrer. → **Elle** _hésite à entrer._

- Complément d'objet direct (COD)

  Vous n'arrêtez pas monsieur Mariani ? → _Vous ne **l'**arrêtez pas ?_

- Complément d'objet indirect (COI)

  Camille raconte l'histoire au policier. → _Elle **lui** raconte l'histoire._

Sujet	COD	COI
je	me	me
tu	te	te
il, elle, on	le, la, l'	lui
nous	nous	nous
vous	vous	vous
ils, elles	les	leur

1 Complétez les phrases avec le(s) pronom(s) personnel(s) qui convien(nen)t.

1 Clément ? Nous ...._l'_..... avons vu hier. ...._Il_..... va très bien.
2 Ces livres ? ..._ils_..... sont intéressants. Je veux ..._les_..... lire.
3 Ce pull bleu ? Nous ...._l'_..... avons acheté pour l'anniversaire de Léa.
4 Les courses ? Elle ..._les_..... fait toujours au supermarché du coin.
5 Claire, tu veux que nous ...._te_..... lisions une histoire ?
6 Hugo et Kévin ? Je ..._leur_..... ai acheté des CD pour Noël.
7 Si ..._tu_..... as ton bac, nous ...._t'_..... inviterons au restaurant.

Enrichissez votre **vocabulaire**

1 Associez chaque fin de phrase à son début.

1 c Certains journalistes sont en danger :

2 a Quand le policier prend ma déposition,

3 i Cette nuit, j'ai fait des cauchemars,

4 f La veille d'un examen, je ne ferme jamais l'œil de la nuit :

5 b Lorsque je raccroche le téléphone,

6 j Ma sœur est une fille intrépide :

7 d Lorsque je fais quelque chose par mes propres moyens,

8 e Je sais que je peux compter sur mon frère car

9 g Je suis sûr que tu réussiras ton examen,

10 h Tu as fait le bon choix : bravo,

a il écrit ce que je lui raconte.

b je mets fin à une conversation téléphonique.

c ils risquent leur vie à cause de leurs articles.

d je le fais tout seul, sans l'aide de personne.

e il m'aide toujours lorsque j'ai des problèmes.

f je dors très peu et très mal.

g car j'ai confiance en toi !

h tu as choisi la bonne solution !

i j'ai fait de mauvais rêves.

j elle est courageuse et elle n'a peur de rien.

Production écrite et orale

DELF 1 Quelles sont les personnes sur qui vous pouvez compter ? Pourquoi ?

2 Écrivez en quelques lignes ce que Camille dit au policier.

Avant de **lire**

1 Les mots suivants sont utilisés dans le chapitre 6. Associez chaque mot à l'image correspondante.

a un buisson *bush*
b une cour *yard*
c une caisse *crate*

d une valise
e une camionnette *Van*
f un morceau de tissu *cloth*

g une chemise
h un lampadaire
i un garage

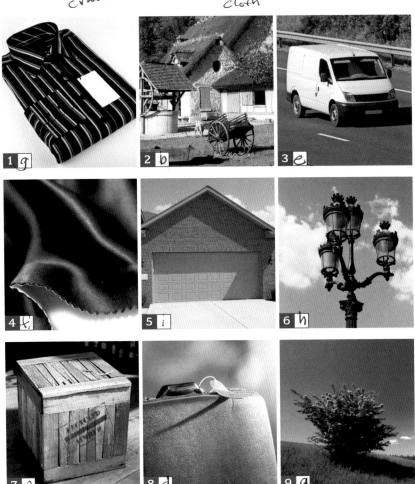

1 g 2 b 3 e
4 f 5 i 6 h
7 c 8 d 9 a

CHAPITRE **6**

Une nuit effrayante

Ce soir-là, c'est la pleine lune et le ciel est très étoilé. Il est 22h45. Colette dort profondément depuis presqu'une heure. « C'est bon, je peux y aller ! Heureusement que mamie aime bien se coucher tôt ! » se dit Camille.

Elle sort de la maison sans faire de bruit, prend son vélo et part en direction du lieu de rendez-vous. Elle y arrive à 23 heures précises, mais son cousin n'est pas là. Elle pose son vélo contre un arbre et attend...

Tout est silencieux. Camille regarde sa montre : il est 23h10. « Mais qu'est-ce qu'il fait ? se demande-t-elle. Il a déjà 10 minutes de retard... » Camille s'impatiente, mais elle décide d'attendre encore un peu. Les minutes passent lentement. Elle est de moins en moins rassurée. Elle regarde de nouveau sa montre : il est 23h20 et Romain n'est toujours pas là... « Pour une fois que j'avais besoin de lui ! Quel égoïste ! Il ne me reste plus qu'une chose à faire : aller à la ferme d'Alex toute seule... »

Camille remonte sur son vélo et se met à pédaler très vite. Elle a peur, mais elle sait qu'elle n'a pas le choix si elle veut découvrir la vérité et retrouver son ami. Un quart d'heure plus tard, elle arrive à la ferme de monsieur Mariani. Elle cache son vélo, puis se glisse derrière un buisson. « D'ici, je peux observer la cour sans être vue » pense-t-elle.

Elle regarde en direction de la ferme et aperçoit l'oncle d'Alex debout, devant la porte. Il tient une valise à la main. Derrière lui se trouve une grosse caisse en bois. Soudain, Camille aperçoit des phares sur le chemin : une camionnette blanche arrive et s'arrête au milieu de la cour. Deux hommes assez costauds descendent du véhicule.

— Vite, dit monsieur Mariani, il n'y a pas une minute à perdre ! Prenez la caisse et mettez-la dans la camionnette !

— Eh bien ! Elle est lourde cette caisse !

— Taisez-vous et faites ce que je vous dis ! ordonne Mariani.

Camille observe attentivement la scène et remarque qu'un morceau de tissu dépasse du couvercle de la caisse.

— Mais... c'est la chemise d'Alex ! s'exclame-t-elle.

Dans l'agitation, Camille n'a pas pu s'empêcher de parler à voix haute et, malheureusement, les trois hommes l'ont entendue.

— Il y a quelqu'un, là, derrière le buisson ! s'écrie l'oncle d'Alex. Vite, prenez-le !

Camille tente de s'enfuir, mais les deux hommes sont plus rapides qu'elle et ils la rattrapent aussitôt. Elle essaie de se débattre, mais elle n'arrive pas à se libérer ! C'est la première fois que Camille a aussi peur !

« Que va-t-il m'arriver ? Que vont-ils me faire ? » se demande-t-elle les larmes aux yeux.

Les deux individus la traînent vers monsieur Mariani qui semble très en colère et la regarde d'un air méchant.

— Ah, mais je te reconnais ! dit-il d'une voix menaçante. Qu'est-ce que tu fais là ? Il est tard... Tu devrais être au lit !

Camille est effrayée et elle a du mal à respirer.

— Et maintenant, qu'est-ce qu'on fait ? demande l'un des hommes.

— La petite en sait trop, répond l'oncle d'Alex. Nous devons l'emmener aussi...

— Mais c'est trop risqué ! s'exclame l'autre homme. Et puis ça change tous nos plans[1] !

— Je sais, mais on n'a pas le choix... Toi, prends du scotch et mets-le sur sa bouche pour l'empêcher de crier ! Et toi, va chercher une autre caisse en bois dans le garage ! Allez, dépêchez-vous !

Camille sait qu'elle est en danger, mais elle domine sa peur et demande d'une voix hésitante :

— Mais... Où... Où m'emmenez-vous ?

— Dans un autre pays, ma petite, répond monsieur Mariani. Ne t'inquiète pas, tu y seras très bien.

Camille est terrorisée. Quelques instants plus tard, elle se retrouve enfermée dans une caisse en bois, avec un morceau de scotch sur la bouche...

---

1. **Un plan** : projet, programme.

Compréhension écrite et orale

DELF **1** Écoutez l'enregistrement du chapitre, puis répondez aux questions.

1 À quelle heure Camille part-elle au rendez-vous ? *10:45*

2 Jusqu'à quelle heure Camille attend-elle son cousin ? *11:20*

3 Que fait Camille quand elle arrive près de la ferme de l'oncle d'Alex ? *Elle glisse derrière un buisson*

4 Que tient l'oncle d'Alex à la main ? *une valise* *et se cache*

5 De quelle couleur est la camionnette ? *blanche*

6 Qu'est ce qui dépasse du couvercle de la caisse en bois ? *un morceau de tissu*

7 Comment les trois hommes découvrent-ils la présence de Camille ? *Dans l'agitation. Elle parle à haute voix*

8 Que décide de faire l'oncle d'Alex lorsqu'il surprend Camille ? *Elle de l'emmener avec eux*

9 Pourquoi l'oncle d'Alex met-il du scotch sur la bouche de Camille ? *Pour empêcher les cries de Camille*

10 Où monsieur Mariani décide-t-il d'emmener Camille ? *Dans un autre pays*

11 Comment Camille réagit-elle ? *Elle est terrorisée*

12 Où les trois hommes enferment-ils Camille ? *Dans une caisse en bois.*

2 Quel(s) personnage(s) se cache(nt) derrière chaque affirmation ?

1 Elle dort profondément depuis presqu'une heure. *Colette*

2 Elle sort de la maison sans faire de bruit. *Camille*

3 Il n'est pas au rendez-vous. *Romain*

4 Elle décide d'aller à la ferme d'Alex toute seule. *Camille*

5 Il est devant la porte et tient une valise à la main. *M. Mariani, l'oncle d'Alex*

6 Ils arrivent dans la cour au volant d'une camionnette. *Deux hommes*

7 Elle tente de s'enfuir mais se fait rattraper. *Camille*

8 Il est en colère et regarde Camille d'un air méchant. *l'oncle*

9 Ils enferment Camille dans une caisse en bois. *les 3 hommes*

10 Elle est terrorisée. *Camille*

9 **3** Écoutez l'enregistrement, puis complétez les phrases avec les heures proposées.

> 18h00   23h30   8h30   19h30   16h15
> 13h00   14h00   7h00   9h00

1   Hugo se lève tous les jours à *8:30*
2   Karine dîne généralement vers *19:30*
3   Je prends mon petit-déjeuner à ....*7:00*.... .
4   Le mercredi, il va à l'école de ....*9*.... à .*13*.......... .
5   Lucie ne va jamais se coucher avant ....~~*4:20 20 22*~~ *23.30* .
6   Nous avons rendez-vous chez notre banquier à *16:15* .
7   Le soir, mon père rentre du travail vers .....*18:00* .
8   L'après-midi, je reprends les cours à ....*14:00* *2:00* .

Enrichissez votre **vocabulaire**

1 Remettez les lettres dans l'ordre pour trouver le nom des couleurs.

1 OGEUR *Rouge*   2 UAJEN *Jaune*   3 RGNOAE *Orange*

4 TVOLIE *Violet*   5 RNORAM *Marron*   6 LCNBA *Blanc*

2 Complétez la grille de mots croisés à l'aide des définitions.

1 Qui a une grande force physique.

2 Personne qui ne pense qu'à elle.

3 Déplacer en tirant.

4 Agressif.

5 Qui présente un danger.

6 S'introduire discrètement, en cachette. (Se)

7 Se retenir, s'abstenir de faire quelque chose. (S')

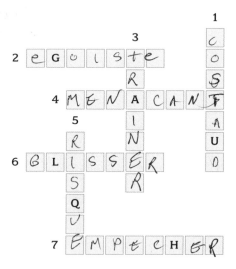

Production écrite et orale

DELF **1** Préférez-vous vous levez tard ou vous lever tôt ? Justifiez votre réponse.

2 Racontez en quelques lignes la dernière fois où vous avez aidé quelqu'un.

PROJET **INTERNET**

Bastia

Rendez-vous sur le site www.blackcat-cideb.com. Écrivez le titre du livre dans la barre de recherche, puis sélectionnez-le. Dans la page de présentation du livre, cliquez sur « Projets Internet » pour accéder au lien de chaque projet.

A Cliquez sur « Patrimoine ».
- ▶ En quelle année la ville de Bastia a-t-elle vu le jour ?
- ▶ Comment s'appelle le premier gouverneur génois à s'être installé à Bastia ?
- ▶ En quelle année la Corse devient-elle française ?

B Dans le menu de gauche, cliquez sur « Incontournables », puis citez quatre lieux à voir absolument quand on vient à Bastia.

C Cliquez sur « Que faire ? ».
- ▶ De combien de golfs et de piscines la ville de Bastia dispose-t-elle ?
- ▶ Choisissez deux activités qui vous plaisent. À qui devez-vous vous adresser ?

D Cliquez sur « Où dormir ? ».
- ▶ Vous devez passer quatre nuits en Corse en basse saison ; vous disposez d'un budget de 200 euros. Quel(s) hôtel(s) pouvez-vous choisir ?
- ▶ À part l'hôtel, quelles autres solutions pouvez-vous choisir pour dormir à Bastia ou dans les environs ?

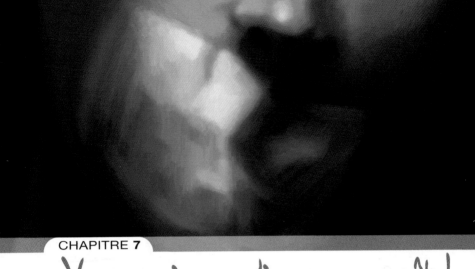

Vos papiers, s'il vous plaît !

Vite, on a pris trop de retard ! dit l'oncle d'Alex.

Les trois hommes montent dans la camionnette et partent dans le silence de la nuit. Camille repense aux mots de monsieur Mariani.

« Il a parlé de m'emmener dans un pays étranger, il n'a donc pas l'intention de me tuer..., pense-t-elle pour se rassurer un peu. Mais où ? Et que vont-ils faire de moi une fois là-bas ? Je ne reverrai plus jamais mes parents ni ma grand mère... Et Alex, que lui ont-ils fait ? se dit-elle, les larmes aux yeux. Non, je ne dois pas pleurer ! Je dois garder mon sang-froid ! »

Soudain, la camionnette s'arrête. Camille entend quelqu'un s'approcher.

— Bonsoir, messieurs ! Contrôle de police, vos papiers, s'il vous plaît.

« La police ! Je suis sauvée !!! » pense Camille. Elle essaie de crier, mais aucun son ne sort de sa bouche. En effet, elle a oublié un petit détail : le scotch !

L'oncle d'Alex tend la carte grise du véhicule et son permis de conduire au policier.

— Très bien, dit ce dernier. Et que transportez-vous dans votre camionnette ?

— Des tapis..., répond l'oncle d'Alex.

— Merci, vous pouvez circuler, conclut le policier.

La camionnette repart. Camille, qui a entendu toute la conversation, est bouleversée. « Je suis perdue, se dit-elle, c'était ma dernière chance... » Cette fois, elle ne peut plus retenir ses larmes.

Pendant dix minutes, personne ne parle. Soudain, monsieur Mariani rompt le silence :

— On l'a échappée belle, les gars ! À partir de maintenant, faisons très attention et ne roulons pas trop vite !

— T'as raison, Michel, répond l'un des deux hommes. Sinon, on ne pourra pas livrer nos tapis...

Les trois hommes éclatent de rire. Tout à coup, Camille entend des sirènes. Leur son se rapproche.

« C'est peut-être la police qui revient ! » se dit-elle, remplie d'espoir.

Quelques instants plus tard, la camionnette s'arrête de nouveau. Camille entend plusieurs hommes courir et l'un d'eux dire :

— Sortez de la camionnette les mains en l'air ! Vous êtes en état d'arrestation !

L'oncle d'Alex et ses deux amis sont pris au piège. Ils obéissent aux policiers et se rendent.

— Où sont-ils ? demandent l'un des policiers d'un ton ferme.

— Là, dit l'oncle d'Alex en indiquant la camionnette. Dans les caisses en bois.

Les policiers se précipitent à l'arrière de la camionnette. Ils ouvrent la première caisse et découvrent Camille. Ils la libèrent et retirent le morceau de scotch de sa bouche. Camille pleure... mais cette fois, de joie !

— Merci ! Merci ! hurle-t-elle. Vous m'avez sauvé la vie !

Les policiers ouvrent ensuite la seconde caisse et trouvent Alex, inanimé. Ils le sortent lentement et écoutent son cœur.

— Alex ! crie Camille. Il n'est pas mort, n'est-ce pas ?

— Non, rassure-toi, lui dit un policier. Son cœur bat encore. Il est seulement endormi. *anesthetized* Il a probablement été drogué...

— Tu verras, demain il ira mieux.

Camille connaît cette voix... Elle se retourne et se retrouve face à son cousin.

— Romain ! Mais... qu'est-ce qui s'est passé ? Pourquoi tu n'es pas venu à notre rendez-vous ?

— Mais je suis venu ! Trop tard, malheureusement ! Ma mère s'est couchée plus tard que d'habitude : elle était très contente parce que mon père a décidé de revenir vivre avec nous. Elle a passé toute la soirée au téléphone avec ta mère ! Moi aussi, j'étais content, mais je pensais à toi et je me disais que tu étais peut-être en danger. Je suis parti dès qu'elle est montée dans sa chambre et quand je suis arrivé à la ferme, j'ai vu les deux hommes et l'oncle d'Alex te mettre dans la caisse en bois. Alors je suis allé au commissariat et j'ai tout raconté aux policiers. Ils ont lancé un appel radio. Par chance, une de leur patrouille venait de contrôler la camionnette !

Camille se jette dans les bras de son cousin. Pendant ce temps, les policiers emmènent l'oncle d'Alex et ses deux complices.

Camille et Romain montent dans une voiture de police qui les ramène chez eux, tandis qu'une ambulance emmène Alex à l'hôpital. En route, Camille dit à Romain :

— Merci, tu nous as sauvé la vie ! Je pensais que tu avais changé d'avis, et que tu étais vraiment...

— Égoïste, c'est ça ? demande Romain en souriant.

Compréhension écrite et orale

DELF ❶ **Lisez le chapitre, puis cochez la bonne réponse.**

1 Les hommes doivent se dépêcher car ils ont pris trop
  a ☑ de retard.   b ☐ d'avance.   c ☐ de risques.

2 Camille a peur mais elle doit garder
  a ☐ sa lucidité.   b ☐ sa tête.   c ☑ son sang-froid.

3 L'oncle d'Alex dit au policier qu'il transporte des
  a ☐ pulls.   b ☑ tapis.   c ☐ lampes.

4 Les policiers ouvrent la seconde caisse et trouvent Alex
  a ☑ inanimé.   b ☐ mort.   c ☐ réveillé.

5 Alex a probablement été
  a ☐ empoisonné.   b ☐ intoxiqué.   c ☑ drogué.

6 Romain est arrivé en retard au rendez-vous à cause de
  a ☑ sa mère.   b ☐ son vélo.   c ☐ sa console.

7 L'oncle d'Alex et ses deux amis se
  a ☐ sauvent.   b ☑ rendent.   c ☐ protègent.

8 Alex est emmené à l'hôpital dans une
  a ☐ camionnette.   b ☑ ambulance.   c ☐ voiture.

❷ **Relisez le chapitre, puis dites de quel(s) personnage(s) il s'agit.**

1 Ils partent dans le silence de la nuit avec la camionnette. *M. Mariani et ses 2 accomplic*

2 Elle essaie de crier, mais elle ne peut pas. *Camille*

3 Il demande à l'oncle d'Alex les papiers du véhicule. *Les policier de cont*

4 Il dit de faire attention et de ne pas rouler trop vite. *Mariani*

5 Ils sont en état d'arrestation. *Les 3 criminels*

6 Il est dans une caisse en bois, inanimé. *Alex*

7 Elle pleure de joie d'être libre. *Camille*

8 Il a averti la police. *Romain*

3 Associez chaque fin de phrase à son début.

1 [b] Pour se rassurer un peu, Camille pense
2 [d] Des policiers arrêtent la camionnette pour contrôler
3 [e] Camille reprend espoir
4 [a] Les policiers demandent aux trois hommes
5 [c] Camille remercie les policiers

a de mettre les mains en l'air.
b que monsieur Mariani ne veut pas la tuer.
c de lui avoir sauvé la vie.
d la carte grise du véhicule et le permis de conduire de Mariani.
e car elle entend des sirènes.

Enrichissez votre **vocabulaire**

1 Observez les photos, puis remettez les lettres dans l'ordre.

1 Une NFIIRMÈIER
   infirmiere (nurse)

2 Un HENGURICRI
   chirugien (surgeon)

3 Un ÔTLAHIP
   hopital

4 Une MAANEBLUC
   ambulance

2 **Associez chaque mot ou expression soulignés à sa signification.**

1   *d*   Elle doit garder son sang-froid.

a   N'avoir aucune chance de se sauver.

2   *f*   Ils l'ont échappée belle.

b   Cesser de résister.

3   *g*   Ils sont pris au piège.

c   Recommencer à parler.

4   *a*   Elle est perdue.

d   Calme.

5   *b*   Les voleurs se rendent.

e   Autoritaire.

6   *c*   Il rompt le silence.

f   Se sauver d'un danger.

7   *e*   Il m'a parlé d'un ton ferme.

g   Ne plus avoir d'espoir.

Grammaire

L'imparfait

L'imparfait est un temps du passé. On l'utilise pour décrire une situation ou un paysage, parler de ses habitudes, indiquer une durée indéfinie.

Je **pensais** à toi et je me **disais** que tu **étais** peut-être en danger.

Pour former l'imparfait, on ajoute les terminaisons **-ais**, **-ais**, **-ait**, **-ions**, **-iez**, **-aient** au radical de la première personne du pluriel du présent de l'indicatif.

Parler → nous **parl**ons → je parlais, tu parlais, il parlait, nous parlions, vous parliez, ils parlaient.

Finir → nous **finiss**ons → je finissais, tu finissais, il finissait, nous finissions, vous finissiez, ils finissaient.

Prendre → nous **pren**ons → je prenais, tu prenais, il prenait, nous prenions, vous preniez, ils prenaient.

Attention ! Le verbe **être** est irrégulier.

J'étais, tu étais, il était, nous étions, vous étiez, ils étaient.

1 Mettez les phrases à l'imparfait.

1 Je suis très content de partir en vacances.
...J'étais...

2 Thomas et Gabriel finissent leur travail.
...finissaient...

3 Tu dois faire plus de sport pour être en forme.
...devais...

4 Nous avons du temps pour aller à la gare.
...avions...

5 Manon déjeune à la cantine tous les jours.
...déjeunait...

6 Les élèves prennent le bus pour aller à la piscine.
...prenaient...

7 Je ne comprends pas son attitude.
...comprenais...

8 Vous ne devez pas acheter une nouvelle voiture ?
...deviez...

9 J'ai envie d'aller au cinéma.
...j'avais...

10 Ils regardent les matchs de foot à la télé tous les dimanches.
...regardaient...

Production écrite et orale

DELF **1** Décrivez en quelques phrases vos qualités et vos défauts.

2 Votre meilleur(e) ami(e) vous dit que ses parents veulent se séparer. Imaginez ce que vous lui répondez pour le/la réconforter.

326

Tout est bien qui finit bien !

Le lendemain, malgré la fatigue et les émotions de la nuit précédente, Camille se lève tôt : elle veut aller voir Alex à l'hôpital. Sa grand-mère, inquiète, souhaite l'accompagner...

— C'est gentil, mamie, dit Camille, mais je préfère voir Alex toute seule. Tu comprends, n'est-ce pas ?

— Bien sûr, mais je ne veux pas te laisser partir seule, j'ai eu trop peur cette nuit. Je t'attendrai dehors.

Camille sait qu'elle n'a pas le choix, et elle accepte donc que sa grand-mère l'accompagne. Une fois arrivée à l'hôpital, elle va à l'accueil et demande dans quelle chambre se trouve son ami.

— Alex Mariani ? Il est au troisième étage, chambre 326, répond un employé.

Lorsqu'elle arrive devant la chambre d'Alex, Camille est émue : son cœur bat très fort. Après quelques instants d'hésitation, elle entre. Alex est allongé sur son lit, mais il est réveillé. Il regarde Camille de ses grands yeux clairs et il lui dit, reconnaissant :

— Camille, sans toi, je ne sais pas où je serais... Tu m'as sauvé la vie... Mais comment tu as fait pour comprendre ?

Camille s'assoit sur une chaise et lui raconte toute l'histoire : la rencontre avec son oncle, le mystère de son départ, la guitare et puis le rôle de son cousin. À la fin, elle lui demande :

— Alex, pourquoi ton oncle t'a enlevé ?

— Voilà : il y a deux jours, un incendie a détruit plusieurs hectares de forêt. Ce jour-là, je suis rentré tôt à la maison. Je rangeais mon vélo dans la grange lorsque j'ai aperçu mon oncle avec un bidon d'essence à la main. Il était avec deux hommes et j'ai entendu l'un d'eux dire : « Vous avez vu ces flammes, les gars ! Pas mal, hein ? ». J'ai alors compris que mon oncle était responsable de l'incendie ! Malheureusement, j'avais laissé ma guitare par terre, à l'extérieur de la grange. Mon oncle l'a vue, et il a compris que j'étais là... J'étais donc un témoin gênant parce qu'il savait que je pouvais le dénoncer !

— Je comprends, dit Camille. Quelle histoire quand même ! J'ai eu si peur ! Dis-moi, tu sais quand tu sors ?

— Oui, demain ! Je suis pressé ! On s'occupe très bien de moi ici, mais je n'aime pas trop les hôpitaux...

Camille reste un peu avec Alex, puis repart chez elle avec sa grand-mère.

Le lendemain matin, Camille et Romain vont attendre leur copain à la sortie de l'hôpital. Alex est très heureux de retrouver Camille et de rencontrer Romain. Il leur propose d'aller à la cabane. Une fois arrivé, Romain s'exclame, d'un air étonné :

— Il y a quelque chose de magique ici, vous ne trouvez pas ?

Camille et Alex éclatent de rire.

— Alex, que vas-tu faire maintenant ? demande Camille.

— Je voudrais vivre tout seul, mais je suis mineur et je n'ai pas le droit. Pour l'instant, je vais aller habiter chez une dame du village. Elle est très gentille. En fait, le plus important pour moi, c'est de rester à Zicavo.

Camille, Alex et Romain passent toute la journée ensemble à parler, à rire et à écouter de la musique. Malheureusement, la fin de l'après-midi arrive et les trois amis doivent se quitter. Dans deux jours, ç'est la rentrée des classes. Alex serre la main de Romain et embrasse tendrement Camille sur la joue.

— On s'écrit et on se voit très bientôt, n'est-ce pas ? demande Camille.

— Oui, c'est promis..., répond aussitôt Alex.

Il monte sur son vélo et commence à pédaler. Il fait une dizaine de mètres, puis se retourne pour leur faire un grand signe de la main. Romain voit que sa cousine est triste. Pour la consoler, il lui dit :

— Allez, ne sois pas triste, vous pourrez vous revoir aux vacances de la Toussaint ! C'est dans deux mois seulement !

— Oui, tu as raison...

— J'ai l'impression que tu vas venir voir mamié très souvent, toi ! dit Romain à sa cousine. Au fait, tu sais que mon père arrive demain ?

— Non, je ne savais pas, répond Camille. C'est une bonne nouvelle ! Tu es content ?

— Oui... j'espère seulement qu'il va rester !

— Mes parents aussi arrivent demain, dit Camille. Hier, j'ai eu ma mère au téléphone : mon père a finalement retrouvé un travail !

— Tu vois, tout est bien qui finit bien !

— Oui... Allez, viens, il est tard, rentrons !

Romain et Camille montent sur leur vélo et partent. Quelques mètres plus tard, Camille se retourne pour regarder une dernière fois cet endroit magique...

Compréhension écrite et orale

DELF ❶ Écoutez l'enregistrement du chapitre, remettez les mots dans l'ordre, puis dites si les affirmations sont vraies (V) ou fausses (F).

V   F

1 n'accompagne/petite-fille/sa/Colette/pas/à l'hôpital. ☐ ☑

Collette n'accompagne pa sa petite fille à l'hopital

2 très fort/et son/émue/est/cœur/Camille/bat. ☑ ☐

Son cœur bat Camille est émue et son cœur bat très fort

3 est/son lit/Alex/il est/allongé/sur/mais/réveillé. ☑ ☐

Allex est allongé sur son lit mais réveillé est

4 a aperçu/un bidon/son oncle/avec/Alex/à la main/d'essence. ☑ ☐

Alex a aperçu son oncle avec un bidon d'essence à la main.

5 doit/Alex/pendant/à l'hôpital/dix/rester/jours. ☐ ☑

Alex doit rester à l'hopital pendant dix jours

6 à Camille/propose/d'aller/et Romain/Alex/au cinéma. ☐ ☑

Camille propose à Romain et Alex d'aller au cinéma

❷ Lisez le chapitre, puis répondez aux questions.

1 Pourquoi Camille se lève-t-elle tôt ? *Elle veut aller voir Alex à l'hopit*

2 Pourquoi Colette veut-elle accompagner sa petite-fille à l'hôpital ?
Elle ne veut pas la laisser partir seule.

3 Dans quelle chambre et à quel étage se trouve Alex ? *Chambre 326, 3 eth*

4 Pourquoi l'oncle d'Alex a-t-il enlevé son neveu ? *Alex était temoin de so, acte criminal*

5 Où Alex va-t-il vivre maintenant ? *Chez une dame gentille de la du village.*

6 Quand Camille pourra-t-elle revoir Alex ? *Aux vacances de la Toussa*

7 Pourquoi Camille doit-elle rentrer à Bastia ? *Son pere a finalement retrouvé un travail.*

8 Pourquoi Romain dit-il : « Tout est bien qui finit bien ! » ?
Qui chacun saut et heureux de finir cette histoire mauvaise de l'oncle Mariani.

Grammaire

L'impératif

On utilise l'impératif pour donner un **ordre**, un **conseil** ou **demander quelque chose**. À la forme négative, il exprime une **interdiction.** *prohibition/ban*

L'impératif est formé de trois personnes (la deuxième du singulier [*tu*], la première et la deuxième du pluriel [*vous nous*]) et il n'a pas de pronoms personnels sujets.

*Ne **sois** pas triste !*   *Allez, **viens** !*   ***Rentrons** !*

L'impératif se conjugue comme le présent de l'indicatif, mais à la deuxième personne du singulier des verbes du 1er groupe, le **s** final disparaît.

***Tu manges** une pomme.* (présent de l'indicatif)

→ ***Mange** une pomme !* (impératif)

Le verbe **être** et le verbe **avoir** sont irréguliers.

Être : sois, soyons, soyez

Avoir : aie, ayons, ayez

À la forme négative, on suit le schéma : **ne** + verbe à l'impératif + **pas**.

*Ne **sois pas** triste, tu le reverras bientôt !*

---

1 Conjuguez les verbes entre parenthèses à l'impératif.

1 *(Manger, nous)* .....Mangeons..... tout le gâteau !

2 *(Aller, vous)* .....Allez..... acheter du pain !

— 3 *(Ne pas faire, vous)* Ne faites pas de bruit, votre frère dort !

4 *(Être, tu)* .....Sois..... à l'heure au rendez-vous !

5 *(Écrire, vous)* .....Écrivez..... une lettre à vos parents !

— 6 *(Venir, tu)* .....Viens..... avec moi, c'est un ordre !

7 *(Écouter, tu)* .....Écoute..... les conseils de ton père !

8 *(Ne pas avoir, tu)* N'aie pas peur ! Tout va bien se passer.
.....N'aie.....

Enrichissez votre **vocabulaire**

1 Complétez les mots à l'aide des définitions.

1 M I N E U R : personne de moins de 18 ans.

2 ÊTRE P R E S S É : être impatient.

3 V A C A N C E S de la T O U S S A I N T : vacances scolaires qui ont lieu à la fin du mois d'octobre.

4 R E C O N N A I S S A N T : qui a de la gratitude.

5 E N L E V E R : emmener quelqu'un de force, le kidnapper.

6 T É M O I N : personne qui peut certifier et raconter ce qu'elle a vu ou entendu.

2 Associez chaque mot à l'image correspondante.

a un accueil (d'hôpital)   **c** une joue

b un bidon   **d** des flammes

Production écrite et orale

DELF **1** Racontez un souvenir agréable de votre enfance.

DELF **2** Où souhaiteriez-vous aller pour vos prochaines vacances ? Justifiez votre choix.

1 Répondez aux questions, puis justifiez votre réponse en citant une ou
plusieurs phrases du texte.

1 Qu'est-ce que Camille aime faire pendant les vacances ? *sortir avec ses amis*

Lire, Aller à la plage, ou à cinéma, se balader en ville et n

2 Pourquoi Camille est-elle triste à l'idée d'aller chez sa grand-mère ?

Elle pense qu'il n'y a pas rien à faire

3 Pourquoi Christine ne veut-elle pas envoyer sa fille en colonie de
vacances ? *l'envoyer en*

Ils n'ont pas assez d'argent pour payer

4 Où Camille rencontre-t-elle Alex pour la première fois ?

Dans une clarière dans un petit bois

5 Comment réagit Romain par rapport au fait que ses parents
veulent se séparer ?

Avec indifférence

6 Que fait Alex dans sa cabane ?

Il lit les romans policiers ou simplement se reposer et rêver un peu.

7 Pourquoi Alex n'aime-t-il pas rester chez lui ?

Il n'aime pas son oncle

8 Pourquoi Colette empêche-t-elle sa petite-fille de voir Alex ?

Elle sait que son oncle n'a pas une mauvaise réputation

9 Pourquoi les pyromanes corses incendient-ils les bois ? *de goût, d'hôtels*

Ils plantent sont payés pour faire par les gens qui veulent moins d'arbres et plus de maisons,

10 Pourquoi Camille veut-elle avertir la police ?

Elle a peur que l'onde d'Alex à l'enlever

11 Pourquoi Romain est-il arrivé en retard au rendez-vous ?

Il devait attendre sa mère se couchait en retard

12 Où les policiers accompagnent-ils Camille et Romain ?

Chez eux

? **Cochez la ou les bonne(s) affirmation(s) pour chaque personnage.**

1 Camille
   a [☒] a 13 ans et vit à Ajaccio.
   b [✓] est une jeune fille sensible et intelligente.
   c [✓] aime la lecture.

2 Alex
   a [✓] est brun aux yeux verts.
   b [ ] vit avec ses parents.
   c [ ] adore son oncle.

3 Colette
   a [ ] mange très tard le soir.
   b [?] aime se coucher tôt.
   c [✓] interdit à sa petite fille de voir Alex.

4 Romain
   a [✓] est un garçon solitaire.
   b [ ] adore jouer dehors.
   c [ ] est très bavard.

5 Monsieur Mariani
   a [ ] est le père d'Alex.
   b [✓] n'a pas une bonne réputation.
   c [✓] enlève Camille.

6 Christine
   a [ ] est la mère de Romain.
   b [✓] est la mère de Camille.
   c [✓] vit à Bastia.

3 Complétez les phrases avec les verbes proposés.

> se vexer   fâcher   m'empêcher   m'ennuyer   grimper   s'entendre

1   Je déteste aller à la campagne car j'ai peur de ..m'ennuyer

2   Mon frère est un véritable écureuil : il adore ...grimper... aux arbres.

3   Si tu ne fais pas tes devoirs, je vais être obligé de me ....~~vexer~~ fâcher   _anger_

4   Fais attention à ce que tu dis : il est très susceptible, il peut facilement ...se vexer.   _take offense_

5   Il est important de bien ..s'entendre entre frères.

6   Je dois perdre quelques kilos, mais je ne peux pas ..m'empêcher de manger des bonbons !

4 Complétez les phrases avec les adjectifs proposés.

> _strapping_   _chatty_   _sensitive_
> costaud   intrépide   bavard   mignon   égoïste   sensible

1   Mon frère est ...égoïste... : il ne pense qu'à lui.

2   Julien est très ...mignon... : je crois que je suis amoureuse de lui !

3   Ma cousine est une fille ..sensible... : elle adore la poésie et les histoires romantiques.

4   Bénédicte est une jeune fille ...intrépide : elle n'a vraiment peur de rien.

5   Mon père est très ..costaud...... : il fait de la musculation tous les jours.   _muscle building_

6   Hugo parle beaucoup : il est vraiment très ...bavard...... !

5 Écrivez le nom correspondant sous chaque photo.

1 cabane

2 camionette

3 incindiere pompier

4 lama

5 grange

6 bidon

7 foret
une clairiere

8 montre

9 buisson